W0068811

# Celle die alte Herzogstadt

DER STADT ZELLE WAPEN
1603

Celle
an der Aller
1990

Hilde Hudemann . Christel Hudemann-Schwartz . Hans-Heinrich Waack

# Celle die alte Herzogstadt

Christians

BLICK VON DER STADTKIRCHE:
ALTSTADT, CELLE
'MAL VON OBEN'
GFE 91

THAER'S

DIE
ALLER!

## Celle, die alte Herzogstadt

Die Burg der Herzöge von Braunschweig-Lüneburg, die zurückgeht auf eine schon 925 urkundlich erwähnte Brunonenburg, in der Stadt Tzellis an der Aller, brannte Ende des 13. Jahrhunderts nieder. Der Burgherr, Herzog Otto der Strenge, ließ danach eine Viertelmeile allerabwärts eine neue Burg erbauen. Im Schutze dieser Burg gründete der Herzog dann „seine Stadt Niegentzelle". Er gab seiner Gründung das Stadtrecht und den Bürgern Privilegien und Freiheiten, die er am 2. Pfingsttag des Jahres 1292 beurkundete. Der Plan der Stadt wurde vom Herzog und seinen Getreuen sorgfältig bedacht. Der Besucher erkennt heute noch in den breiten und geraden Straßen, die auf das Schloß zuführen, die weitsichtige Planung des Herzogs. Auch die Vorstädte Blumlage und Neuen= häusen sind herzogliche Gründungen aus dem 16. und 17. Jahrhundert. Celle darf sich also mit gutem Recht „die alte Herzogstadt" nennen. Als die Bahnlinie Hannover-Harburg 1847 eröffnet wurde, entstand der Bahnhof im Westen von Neuenhäusen, so daß die herzoglichen Planungen unberührt blieben. Zur Bequemlichkeit der Celler fuhr später die „Elektrische" bis 1956 durch die Straßen der Altstadt und der Vorstädte zum Bahnhof. 1869 wurden die herzoglichen Vorstädte eingemeindet. Am 31. Dezember 1990 hatte Celle 73.335 Einwohner.

Ältestes Stadtsiegel, schon 1288 in Altencelle in Gebrauch.

Gruß aus Celle

## Besuch in Celle

Celle freut sich, daß Besucher in die alte Herzogstadt kommen und begrüßt sie gern auf dem Bahnhof. Auf der Bahnhofstraße geht es dann in die Stadt. Hier begrüßt Celle seine Gäste etwas protzig mit Türmen und Türmchen auf den Häusern der Jahrhundert= wende.

ZUCHTHAUS
CELLE 91

Dazwischen füllen typische Nachkriegsbauten die Baulücken aus, die der schwere
Bombenangriff auf Celle am 8. April 1945 gerissen hat. Dabei kamen über 800 Celler
ums Leben. Auf dem Güterbahnhof wurde ein Transport von Zwangsarbeitern von
Salzgitter nach Belsen getroffen. Die Zahl der Toten beträgt etwa 2000.

Der Besucher heute, wird leider nicht mehr von dem Dienstmann Kempe mit seiner roten
Mütze und dem blanken Messingschild empfangen. Als Dienstmann brachte Kempe
das Reisegepäck der Celler zum Bahnhof oder zurück in die Wohnungen. Unvergessen
ist, daß Kempe einmal für große Aufregung sorgte. Er hatte das Gepäck im Abteil
verstaut und nahm dann, was eigentlich nicht seine Gewohnheit war, vor dem
Fahrgast seine Mütze ab. Damit ließ er den Frühzug nach Basel abfahren.
Das gab eine gewichtige Verhandlung in der Reichsbahndirektion Hannover.
Die Celler waren eher darüber erstaunt, daß man Dienstmann Kempe nicht kannte.

Zum Glück ist der Weg durch die Bahnhofstraße nur kurz. Schon nach zwei=
hundert Metern beginnen die Triftanlagen, durch die der Besucher zum Schloß
und zur Altstadt gehen kann.

Gleich am Anfang der Trift zeigt sich Celle
als Furistenstadt. Da steht das von Hermann Löns
besungene „feste Haus". Dieses Zuchthaus wurde wie
eine barocke Schloßanlage gebaut. Bauherr war
Kurfürst von Hannover, der als König Georg I. von
London aus seine welfischen Erblande regierte.

6

Der großartige Bauplan brachte die Lüneburger Stände bis an die Grenze ihrer Finanzkraft, so daß die Bauzeit von 1707 bis 1732 dauerte. Doch war das Celler Zuchthaus eine so bemerkenswerte Anlage, daß Abbildungen in vielen Architekturwerken erschienen. Panther hob 1748 hervor, daß „alle Cachots ein Secret haben, welches perpendiculair in Wassercanäle gehet."

Bis 1933 gehörten die Zuchthäusler zum Celler Stadtbild. Sechs oder acht Mann zogen einen Handwagen, bewacht von einem freundlichen Aufseher den die Celler natürlich kannten. Diese Gruppen machten in der Stadt Besorgungen, sie gingen zur Arbeit in die großen Gärten der Justizangehörigen. Heute sieht man hinter dem alten Zuchthaus nur die kahlen, nachts in gleißendes Licht getauchten Mauern der Hochsicherheitstrakte.

7

IM FÜRSTENHOF        C.H.St.91
"TAPETENZIMMER" IM

Weiter auf dem Weg zum Schloß sieht der Besucher von den Triftanlagen aus ba=
rocke Stadthäuser des Hannoverschen Adels und der Notabeln der Hofhaltung
des letzten Celler Herzogs aus Frankreich und Italien. Man kann diesen Häusern
nicht ansehen, ob der Erbauer aus Italien kam, ob er Hugenotte war, oder aus
altem welfischen Adel stammte, es sind alles „Celler" Stadthäuser von einer
eleganten Schlichtheit. Diese Herrenhäuser liegen zumeist in großen Park=
anlagen. In der Hannoverschen Straße liegt das Anwesen von Adelepsen.
Das war schon immer ein gastliches Haus. Heute befindet sich dort das Hotel
Fürstenhof. Die Gäste nächtigen in einem modernen Hotelbau im Park,
sie wohnen aber in den stilvollen historischen Räumen des alten Herrenhauses.

FÜRSTENHOF
CELLE
G.H.S. 91

6.6.90 Gleich gehts los nach Winsen an der Aller
durch die Schleuse bei Oldau, mit einem Seniorenclub, tolle Stimmung jetzt schon!

Die Celler Gärten kann man sich nicht ohne Nachtigallen vorstellen. Kamen
Gäste, ging man mit ihnen abends in den Park. Im Hause von Adelepsen
gab es da etwas Besonderes. Wenn der Frühling zu Ende ging, und man sich
nicht mehr auf die Nachtigall verlassen konnte, mußte Zumbusch her.
Der war als junger Ringer mit dem Zirkus gereist, nun war er im Hause
von Adelepsen das „Factotum" und mußte eben auch die Nachtigallen
vertreten. Danach ging er in seine Stammkneipe, nahm die Schnapsflasche,

zwitscherte mit dem Korken, gab eine Runde aus und sagte: „Wieder einen
Zwitschergroschen verdient." Im Fürstenhof mit seiner exzellenten Küche gibt
es leider keine Nachtigallen und keinen Zumbusch mehr. Trotzdem lohnt es
sich, zu einem fürstlichen Wochenende nach Celle zu kommen.

Celle begrüßt ebenso herzlich die Gäste, die mit dem Auto kommen.
Sie finden bestimmt einen Parkplatz auf der Mühlenmasch an der Aller.
Von da ist es nur ein kurzer Weg zum Schloß. Wer will, macht einen kleinen
Umweg zum Hafen, der bis 1928 Umschlagplatz für Kali, Holz, Getreide,
Kork und für das Wietzer Öl war. Jetzt liegen dort Fahrgastschiffe für die
Allerfahrt und die Boote des Celler Yacht-Clubs. Die Allerwehre, die
große Schleuse mit dem malerischen Wärterhaus und das in die Turbinen der
Ratsmühle der Wasa Knäckebrot-hineinstürzende Wasser erinnern daran,
daß schon in früher Zeit hier Schleusen und Mühlen errichtet wurden.
Die Aller hat in ihrem Oberlauf aus dem Magdeburgischen kommend, stets
ein mäßiges Gefälle. Bei der Stadt Celle aber schieben sich Lehm- und Ton-
barren in das Flußbett und bilden Stromschnellen. Auf kurzer Strecke
muß hier der Fluß ein Gefälle von fast vier Metern überwinden. Schon im

ALLER – SCHLEUSEN – HÄUSER
CELLE

12. Jahrhundert wurden die Flußläufe der Oker und Aller für die Schiff=
fahrt geräumt. Bei den Celler Stromschnellen mußten die kleinen Boote
der Oberaller auf die größeren Schiffe der Unteraller umgeladen werden.
Darum bauten die privilegierten Celler Kornschiffer nahe beim jetzigen
Hafen ihre Kornspeicher.
    Gegen Ende des 16. Jahrhunderts konnte der Schiffsverkehr auf der Elbe
aufgenommen werden. Hamburg konnte den Getreidehandel an sich ziehen.
Für Celle blieb der Holzhandel. In Flößen wurde das Holz aus den großen
Wäldern um Celle zu Tal gebracht.

## Das Oberlandesgericht

Auf dem kurzen Weg von der Aller zum Schloß muß der Besucher wieder zur Kenntnis nehmen, daß Celle die Juristenstadt ist. Der Weg führt vorbei an eindrucks= vollen Gerichtsneubauten zum alten Oberlandesgericht am Schloßpark, das von König Ernst August 1840 erbaut wurde.

Am 14. Oktober 1711 gründete Reichsfreiherr von Bernstorff im Auftrag des Kur= fürsten Georg Ludwig das Oberappellationsgericht Celle. Es sollte die eben er= worbene, aber noch umstrittene Kurwürde absichern, dabei war es die Absicht des Grafen von Bernstorff, die Stadt Celle dafür zu entschädigen, daß nach dem Tode des letzten Herzogs die Hofhaltung nach Hannover verlegt worden war. Der kleine Celler Hof hatte einen hervorragenden Ruf als Pflegestätte von Kunst und Kultur. Diese Tradition sollte das Oberappellationsgericht weiterführen. Und tatsächlich hat das Oberlandesgericht mit seinen Richtern, Anwälten, Staatsanwälten und Rechtspflegern von Celle aus Kultur und Kunst im ganzen Königreich Hannover belebt.

An den Wänden des Plenarsaales im Oberlandesgericht, die Gerichtsherren in ihren Krönungsornaten. Drei englische Könige, drei hannoversche Könige und drei Könige von Preußen.

### Referendarexamen

Morgen also in Gottes Namen
Steig ich ins Referendarexamen.

Bin nun viele Monate lang
Gekrochen den uralten Studiengang,
Institutionen und Pandekten
Mir wie bitterste Galle schmeckten,
Rechtsgeschichte, die beiden Prozesse,
Und im Wechselrecht die Regresse,
Strafrecht, Kirchenrecht, Völkerrecht, –
– Ach, wie klingen die Namen schlecht!
Viel unnütze Müh und verlorener Fleiß,
Und der Sokratesschluß: Das ich nichts weiß.

Ging heute am Celler Schlosse entlang
Meinen gewohnten Erholungsgang,
Da ist mir auf einmal eingefallen,
Was von diesen Dingen allen,
Die um mich sind, und die ich erstrebt,
Wohl in hundert Jahren noch lebt.

Celle da unten, – das wird noch stehn,
Die Aller wird auch noch vorübergehn,
Im Repetitor die Rechtskandidaten,
Im Sandkrug der lederne Hammelbraten
Das heilige Oberlandesgericht,
Das jede Woche die Vehme spricht,

Alles wie heute, bescheiden und klein, –
Nur wir werden nicht mehr drunter sein.

Und durch das Celle in hundert Jahren
Bin ich im Geiste hingefahren,
Guckte mir alle Häuser an,
Sah, wie der Bäcker zu backen begann,
Sah die Schuster und sah die Schneider
Und die Oberlandesgerichtsräte leider,
Und an einem Fenster saß
Ein liebliches Mädchen und las und las.

Und als ich mich über das Buch gebückt,
Da hab ich eigene Verse erblickt.

Ich sah es im Geiste, von Träumen umfangen,
Und bin doch so fröhlich nach Hause gegangen,
Es klingt euch vielleicht ganz eitel und dumm: –
Ich war so sicher, – weiß nicht, warum!

Referendar oder nicht Referendar:
Herr Präsident: – Über hundert Jahr!!

Börries Freiherr von Münchhausen
geb. 20. 3. 1874
gest. 16. 3. 1945

PLENARSAAL
IM OBERLANDESGERICHT
IN CELLE

In einer Stadt, in der sich so viel juristischer Scharfsinn zuzammen= findet, werden viele gute Anekdoten erzählt und manche scharfzün= gige Bemerkung über= liefert.

Der vielseitig künstle= rische Rat Du Bois war Junggeselle, er brachte seine Verulkungen so liebenswürdig an, daß sich kaum einer beleidigt fühlte. Als er bei einem Vortragsabend im Plenar= saal die Ehefrau des Präsidenten der man schon ansah, daß sie das achte Kind erwartete, mit einem artigen Kom= pliment begrüßt hatte, konnte er es sich leisten, die scharfe Bemerkung anzufügen: „aber in Zukunft hüten Sie sich, denn jeder neunte Mensch ist ein Chinese". Diese Bemerkung von Du Bois wird gern erzählt, weil auch das neunte Kind ein Celler war.

C.t.J.
91

Unzählig sind die Anekdoten vom Oberamtsrichter Siemens. Einmal sprach er den „Schauster Krischan von der Masch" frei, obwohl dieser seine Schwieger= mutter die Kellertreppe heruntergeschmissen hatte. Auf den erstaunten Blick des Auditors sagte der olle Siemens: „Hei het glöwt, de olle Drake könn' flegen."

Ein schneller Blick in die Canzleistraße: Da trafen sich nach einer durchzechten Nacht ein Rat und ein Präsident. (Die Namen sind der Redaktion bekannt). Sie sahen Amtsrichter Siemens, gingen auf ihn zu und wollten ihn in Verlegen= heit bringen. Am Abend vorher hatte Siemens nämlich den beiden hohen Juristen große Schwierigkeiten gemacht. Sie wollten ihn nach Hause bringen und hakten ihn von beiden Seiten ein. Der kleine Herr zog alle paar Schritte beide Beine ein, so daß die hohen Herren mit ihren Zylindern zusammenstießen. Sie schilderten dies ausführlich, der Olle Siemens aber antwortete ungerührt: „Ach ji Schietkerls, können nicht mal einen rechtschapen besopenen Min= schen in'n Bedde bring'." Sprach's und verschwand im Amtsgericht. Die hohen Juristen kehrten um und stiegen erheitert und schmunzelnd die Freitreppe zum OberLandesGericht hinauf.

## Das Celler Schloß

Aber nun endlich zum Celler Schloß. Am Ende des 13. Fahrhunderts baute Otto der Strenge, Herzog zu Braunschweig und Lüne= burg, an der Einmündung des Fuhseflusses in die Aller, von beiden Flüssen geschützt, eine Burg. In den folgenden 550 Fahren bauten die Celler Herzöge und später die Könige von Hannover die Burg zu einem wohnlichen

Neben mir sitzt eine Dänin auf der Bank

H.H.

Schöner Sommertag
Im Schloßpark mit agressiven Schwan 1990

Schloß um. Seit über zwei Fahrzehnten wird das Celler Schloß renoviert. Diese Arbeiten werden wohl noch einige Fahre andauern, dabei ergeben sich immer neue Erkenntnisse über die Baugeschichte des Celler Schlosses. Hoffentlich findet der Besucher einen Schloßführer, der ihm nur das Wichtigste zeigt.
Unten am Schloßgraben sitzt eine Dänin. Sie weiß, warum sie nach Celle ge= kommen ist. Über der Schloßkapelle, die man an den gotischen Fenstern erkennt, liegen die Gemächer der Dänenkönigin Caroline Mathilde.

Sophie Dorothee „Prinzessin von Ahlden" (1666 - 1726)
Tochter v. Herzog Georg Wilhelm u. Eleonore d'Olbreuse

Königin Caroline Mathilde (1751 - 1775)
Schwester des englischen König Georg III

Im Celler Schloß ging eine menschliche Tragödie zu Ende. Als die blutjunge Caroline Mathilde, Schwester des Königs von England, Georg II. I, ihrem Gemahl zugeführt wurde, erkannte sie, daß sie mit einem Kranken verheiratet wurde. Sie sah einem traurigen Lebensweg entgegen. Dem genialen Leibarzt, Johann Friedrich Struensee, gelang es, gestützt auf fundierte wissenschaftliche Kenntnisse des Medizinstudiums der Universität Halle, den Gesundheitszustand des Königs zeitweilig zu stabilisieren. In dieser Zeit konnte Struensee als Vertrauter des Königs und Staatsminister eine Vielzahl von sozialmedizinischen Reformen durchführen. Die junge Königin hat offenbar die Reformpläne Struensees warmherzig unterstützt. Durch dieses gemeinsame soziale Engagement und durch die traurige Ehe mit dem kranken König wurde Caroline Mathilde zur Geliebten Struensees. Zur Durchsetzung seiner bahnbrechenden Reformen beschnitt Struensee Privilegien des Adels und schränkte den drückenden Frondienst ein. Das führte zum Widerstand gegen Struensee und zu dessen Sturz und Hinrichtung 1772 in Kopenhagen.

Der englische König entzog seine Schwester den Anfeindungen des dänischen Adels und wies ihr in Celle das Stamm-Schloß ihres Geschlechtes zu, wo sie eine Königliche Hofhaltung führen konnte. Sie starb, erst 25 Jahre alt, tief betrauert von den Bürgern der Stadt und dem Lüneburger Adel, der ihr ein würdiges Denkmal setzte.

Ein Oberlandesgerichtspräsident schloß einmal seine Begrüßungsansprache für eine Juristentagung mit den Worten: „Celle ist eine Juristenstadt, in der eine Ehebrecherin wie eine Heilige verehrt wird."

In den ehemaligen Staatsgemächern des Celler Schlosses findet der Besucher das Bildnis einer strahlend glücklichen Prinzessin „Sophie Dorothea als Flora". Sie lebte in der Geborgenheit ihres Elternhauses glückliche Kinder- und Jugend= jahre. Aus dynastischen Gründen wurde die Celler Prinzessin mit ihrem Vetter, dem Kurprinzen von Hannover, Christian Ludwig vermählt. Die quirlig tempe= ramentvolle, allem Schönen aufgeschlossene Lebensart der bildhübschen Prin= zessin stand in unüberbrückbarem Gegensatz zum Temperament des Kurprinzen. Liselotte von der Pfalz beschrieb in einem Brief aus Paris Christian Ludwig: „Er ist drucken und kalt, sodaß er alles in Eis verwandelt."

Nachdem die Kurprinzessin dem Welfenhaus einen Sohn, den späteren König Georg II. von England, und eine Tochter, Sophie Dorothea, die spätere Königin von Preußen und Mutter Friedrich des Großen, geschenkt hatte, war sie für das Welfenhaus ohne Interesse, was ihr die Maitressen ihres „Angetrauten" deutlich zu verstehen gaben. Da erreichten die Prinzessin glühende, poe= tische Liebesbriefe des schwedischen Grafen Philipp Christoph Königsmark. Die Prinzessin erwiderte die Liebesbriefe. Daraus entstand eine Liebesbezie= hung von so großer Leidenschaft, daß beide Liebenden eher den Tod als eine Trennung erdulden wollten. Sie versuchten die Flucht. Graf Königsmark wird ermordet. Sophie Dorothea wurde im Amtshaus Ahlden in militärische Haft gebracht. Sie durfte das Amt Ahlden nicht verlassen, ihr standen aber so große Einkünfte zu, sodaß sie ihren Kindern eine königliche Erbschaft hinterlassen konnte. 32 Jahre lebte sie in der Abgeschiedenheit des Amtes Ahlden. Sie hat ihre Kinder nicht wieder gesehen, nicht wiedersehen dürfen. Schicksal einer Frau – Schicksal einer Mutter.

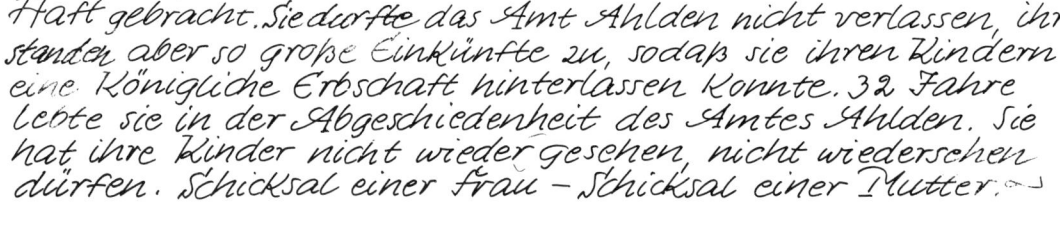

Und abends ins Theater

CELLER SCHLOSS
CHUDETIANN-SCHWARZ

Logen im
Barocktheater im Schloß.
Simsalabim – 300 Jahre zurück

## Das Schloßtheater

Als im Jahre 1665 die junge Frau von Harburg –
diesen Titel hatte man der adeligen Hugenottin
aus dem Poitou, Eleonore d'Olbreuse zugestanden –
ihren Einzug in das Celler Schloß gehalten hatte,
begann Herzog Georg Wilhelm das alte Gemäuer
durch italienische Baumeister zu einem fürstlichen
Wohnsitz umzugestalten.

Doch der eigenwillige Herzog folgte nicht dem
Geschmack der Zeit. Im 17. Jahrhundert wurden
für Schlösser und Gutshäuser großartige Parkan-
lagen geschaffen. Den Herzog aber störte es nicht,
daß das Schloß hinter einem hohen Wall lag, der
längst die Bedeutung als Festungsbauwerk verloren hatte. Dafür aber stattete er die Gemächer
wertvoll und wohnlich aus. Von dieser fürstlichen
Ausstattung sind noch die eleganten Stuckar-
beiten des Italieners, Tornielli erhalten. Sorgfältig
plante der Herzog den Bau des Schloßtheaters.
Es ist nicht gebaut für großartige Hoffeste mit
vielen Gästen, eher ist es eine Huldigung an
die Frau, die er liebte, denn die Liebe zum
Theater und zur Musik verband das Herzogs-
paar. Georg Wilhelm und Eleonore unterhielten eine "herrliche Gesellschaft von
französischen und italienischen Comödianten", und für das Orchester beschafften
die Agenten des Herzogs in Paris und Italien stets die neuesten Kompositionen.

1947 gründeten Celler Bürger, so theaterbegeistert wie der letzte Herzog, mit Schau-
spielern, die durch die Kriegswirren nach Celle verschlagen
waren, das "Schloßtheater Celle". Dieser Verein hat es über 40
Jahre geschafft, einen ganzjährigen Spielbetrieb zu finan-
zieren und Intendanten zu gewinnen, die mit einem enga-
gierten Ensemble Theater machten, das weit über Celle hinaus
Beachtung und Anerkennung gefunden hat. Die Besucher
und Gäste der Stadt sind immer wieder beeindruckt von
der intimen Atmosphäre des Theaters und von den festlichen
Wandelgängen in den herzoglichen Staatsgemächern.

IM SCHLOSS
DAS SCHLAFGEMACH
DER HERZOGIN
ELEONORE D'OLBREUSE
CELLE G.H. 5.91

SCHLOSSKAPELLE
CELLE
CHS 91

## Die Hofkapelle

Zu den ältesten Gebäuden der Burg gehört eine kleine gotische Kirche mit dem Altar im Osten unter einem gewölbten Chorabschluß. Herzog Ernst begann nach 1530 damit, diese Kirche in eine evangelische Hofkapelle umzugestalten.

Durch den Bau von Emporen bekommt der Raum eine neue Mitte: die Kanzel. An den Brüstungen der Emporen befinden sich Steinmetzarbeiten von vollendeter Schönheit und Ausdruckskraft. Dargestellt sind neben Christus mit den Evangelisten die zwölf Apostel. Vor jedem steht eine Schrifttafel mit den zwölf Glaubenssätzen des Apostolikums. Für die Pfeilerchen, die die Brüstungsfelder gliedern, hat der Bildhauer lebensfrohe Putten geschaffen. Sie spielen auf Instrumenten, die wir heute erst wiederentdecken. Mit diesem Bildkanon beschrieb der Herzog den Standort eines Andachtsraumes für den Hof. Die tägliche Messe am Altar wird abgelöst durch die tägliche Schriftenauslegung. Sie sollte in Kontinuität stehen mit den altchristlichen Symbolen, und die Gemeinde soll Gott loben mit Herzen, Mund und Händen. Der Kanon dieser Bildwerke ist in sich geschlossen, trotzdem läßt sein Sohn Wilhelm der Jüngere – wohl in den Jahren 1569 bis 1572 – noch 76 Gemälde hinzufügen. Die Zusammenstellung dieses umfangreichen Bildzyklus trägt die Handschrift des gelernten Theologen, des Herzogs selbst, der damit eine Illustration gab für seine Bekenntnisschrift, das „Corpus Doktrinae Wilhelminum". Wilhelm der Jüngere betraut mit der Ausführung der wichtigsten Bilder den Antwerpener Meister Marten de Voss, der zu den Künstlern gehörte, die sich in den spanischen Niederlanden der Gegenreformation unterworfen hatten.

Marten de Voss zählt zu den bedeutendsten Meistern des Manierismus. Der lutherische Herzog entscheidet sich für die künstlerische Meisterschaft, unbekümmert um konfessionelle Gegensätze, und was vielleicht noch schwerer wiegt, er vergibt einen großen Auftrag über politische Grenzen hinweg in die spanischen Niederlande, in denen Phillip der II. von Spanien gerade 18.000 Protestanten als Ketzer hatte hinrichten lassen. —

Schuhstraße . Sommer 1991 H. Hudemann in Celle .

Die Buddeleien in der Schuhstraße waren Vorbereitungen für die
Pflasterung einer großartigen Fußgängerzone . Auch vor dem Rathaus
wurde das alte Pflaster mit Bordsteinen fußgängergerecht gestaltet .
Die Baugrube war fünf Meter tief . ➝

## Die Altstadt

Die Altstadt Celle ist klein und übersicht=
lich. Durch die planmäßig strenge Straßen=
führung fehlen reizvolle Winkel, doch der
unverwechselbare Reiz Celles besteht in den
Giebelfronten der Fachwerkhäuser mit den
schönen Straßenbildern. Durch die steigenden
und fallenden Giebellinien, über Häusern
von denen keines die Breite des Nachbar=
hauses hat, entsteht ein bewegtes und sehr
malerisches Bild.

Die Giebelhäuser wurden in der Zeit von
1480 bis 1800 gebaut, sie sind sehr unter=
schiedlich geprägt durch den Stil ihrer
Zeit. Sie stehen aber
gut nebeneinander,
ja, sie vertragen sich
sogar mit den Trau=
fenhäusern des 18.
Jahrhunderts, weil
sie von Zimmerleuten
gebaut wurden, die
getreu in ihrer alten
Handwerkstradition
arbeiteten.

Die große Zahl der
Fachwerkhäuser über=
rascht jeden Besucher,

HIER
PARKTEN TATSÄCHLICH
4 ROTE AUTOS IN EINER STUNDE!

PORTAL DES STADTBAUAMTES
IN CELLE

dabei ist jedes Haus das unverwechselbare Werk eines
Zimmermeisters. Dem geduldigen Betrachter wird sich
die Eigenartigkeit der Häuser bald erschließen, und er
wird schnell erkennen, daß die Celler Zimmerleute
die Häuser aus scharfkantigen Balken verzimmert
haben. Krumme Balken finden sich nur in Schuppen
und Hinterhäusern.

Mauerstraße 11

25

Bei der großen Zahl der Fachwerkhäuser Kann der Besucher sich nicht auf einen Kunstführer verlassen, er muß sich selbst um die Werke der Celler Zimmermeister Kümmern.

Eine kleine Einführung in die Celler Zimmermannstradition Kann ihm helfen.

Die Celler Häuser sind meist unterkellert, und auf Keller und Feldsteinfundament liegt die Grundschwelle aus Eichenholz, darauf werden die Ständer gestellt, die untereinander oben durch das Rähm verbunden sind. Am Zapfen, der Ständer und Rähm verbindet, sitzt noch der Celler Tündel= zapfen, der den Ständer mit der Balkenlage verzapft.

Die Balkenlage, auf der die Fußbodendielen des ersten Stockwerkes liegen, ist aus Nadelholz. Sie ver= bindet das Fachwerk der Vor- und Rückwand. Sie wird vorgekragt, die Vorkragung wird durch Knaggen abgefangen. Auf die vorgekragten Balkenköpfe wird dann die Eichenschwelle für das zweite Stockwerk aufgesattelt. Auf dieser Schwelle stehen dann wie im ersten Stockwerk die Ständer und ebenso im dritten Stockwerk. Zwischen den Balkenköpfen bringen die Zimmerleute oft reichgeschmückte Füllzer an.

Auch die Knaggen wer= den immer wieder anders ausgebildet, doch gilt der wichtigste Schmuck den Schwellen, die ja schon bei dem Kauf des Holzes viel Mühe und

Anbau Zöllnerstraße
Celles F Eß-und F Trinkgasse

dann als die größten Balken beim Verzimmern auch viel Arbeit gemacht hatten.

Die Spruchweisheiten und die Schwellenornamente wollen keine Kunstwerke sein, sie sind vielmehr schlichter Ausdruck der Freude darüber, daß Meister und Gesellen ein gutes Stück Arbeit gemacht haben.

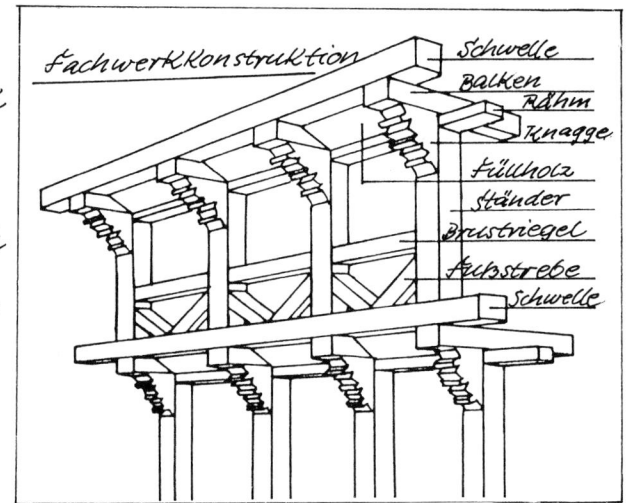

Fachwerkkonstruktion

Schwelle
Balken
Rähm
Knagge
Füllholz
Ständer
Brustriegel
Fußstrebe
Schwelle

Eine Fliege
sie wollte
nicht vom
Blatt.

SANITÄTSHAUS

Spiel Palast No 1

Großer Plan
H. Sendemann 91.

Die Kirchturmwetterfahne drehte sich heute recht munter,
die Wetterfahne auf dem 3. Haus drehte sich sehr zögernd, und die Fahne auf Herrn
Stechinelli's ehemaligem Haus, drehte sich überhaupt nicht. Ist wohl eingerostet.

zu Celle
am
gr. Plan Weihnachtsmarkt
15. Dez. 90
HH

Schöner Weihnachtsmarkt,
ohne Plastikramsch, auch nicht soviel
Glitzerkram und Weihnachtsgedudel!

## Stechinelli

Herzog Georg Wilhelm nahm 1655 bei einem Italienaufenthalt den fünf=
zehnjährigen Francesco Maria Capellini in seine Dienste. Als Kammerdiener
konnte sich der junge Italiener eine gründliche höfische Bildung erwerben.
Er hatte sich bald auch im Wirtschaftsleben so große Kenntnisse angeeignet,
daß der Herzog ihn zu seinem Hofagenten machen konnte. Von da an nannte
er sich Stechinelli.

Das ansehnliche Vermögen, das sich schon der Dreißigjährige erworben hatte,
und das zwielichtige Dunkel, das über der Herkunft Stechinelli's lag, waren
Anlaß zu Vermutungen und Legenden, mit denen man das Glück des jungen
Italieners zu erklären versuchte. Es waren Legenden, die teils rührselig,
teils makaber, aber zum Teil auch ganz un=
glaubwürdig waren. Stechinelli kaufte Häuser in Celle
und Braunschweig und adlige Güter im Fürstentum
Lüneburg, wurde Generalpostmeister und bekam 1688
das kaiserliche Adelsdiplom mit dem Prädikat
Freiherr von Wickenburg.

Herr Stechinelli macht einen Besuch!

Marta
Bornhöft
geb. 1891
April 1991
H. Heudemann

## Weinhandlung Bornhöft

Für Freunde alter Häuser war es stets eine besondere Freude, wenn die nun einhundert Jahre alte Marta Bornhöft (geb. 1891) ihr Elternhaus zeigte. Es ist das Haus in der Zöllner Straße, das der Bürgermeister Christoph Herber und Barbara Nacken A.D. 1680 als breites barockes Traufenhaus in die Reihe der Giebelhäuser hineinsetzte. Eine breite Toreinfahrt führt vorbei am Laden und der benäbigen Treppe,

Weinstube
Rich. Bornhöft

Richard Br
Weinh

Im April 91
H. Heudemann
Weinhandlung
Bornhöft Hof.

hinauf zu den Wohnungen in den Hof mit dem Niedergang zum Weinkeller und der Weinstube in den früheren Abfüllräumen der alten Weinhandlung. Vom Hof führt wieder ein breites, stets verschlossenes Tor zum schönen Garten. Sicht man vom Hof hinauf zu der Wohnung, zeigt sich, daß die ganze Wand in Fenster aufgeteilt ist, sie geben dem Gang Licht, der zu den repräsentativen Räumen führt, die ihre großen Fenster zum Garten haben. Hier oben wohnt die Hundertjährige, die als Gewerbelehrerin vielen jungen Mädchen die Liebe zur Heimat vorgelebt hat und die als Stadtführerin vielen Touristen „ihre" Stadt und das Celler Schloß gezeigt hat. ⌐

## Utspann

In der Altstadt Celle gab es elf Ausspann= wirtschaften. An dieser Wirtschaft zum „Blauen Engel" kann man noch gut den alten Utspann erkennen. Neben der Wirtschaft führt die breite Diele zum Hof und zu den Stallungen für die ausgespannten Pferde. Die Ausspann= wirtschaften in der Stadt waren von großer Bedeu= tung, wurde doch der ganze Handel zwischen der Stadt und dem Land hier abgewickelt. Die Bauern brachten ihre Erzeugnisse in die Stadt. Im Ausspann holten die Kaufleute diese Waren ab, und sie brachten das, was sie an die Bauern verkauft hatten, auf die Wagen, die ausgespannt vor der Wirtschaft standen. Die Bauern kehrten mit den aus= geruhten Pferden möglichst vor Dunkelheit zurück. Die Fernkaufleute auf Handelswegen zwischen Bremen und Magdeburg kamen erst abends an und spann= ten in der Blumlage aus, da hatten die Pferde Ruhe bis zum frühen Morgen, dann ging es weiter mit „Vorspann" der Bauern aus Brökel.
Un „ frie Eten, frie Drinken, frie Schieten in Hoff."

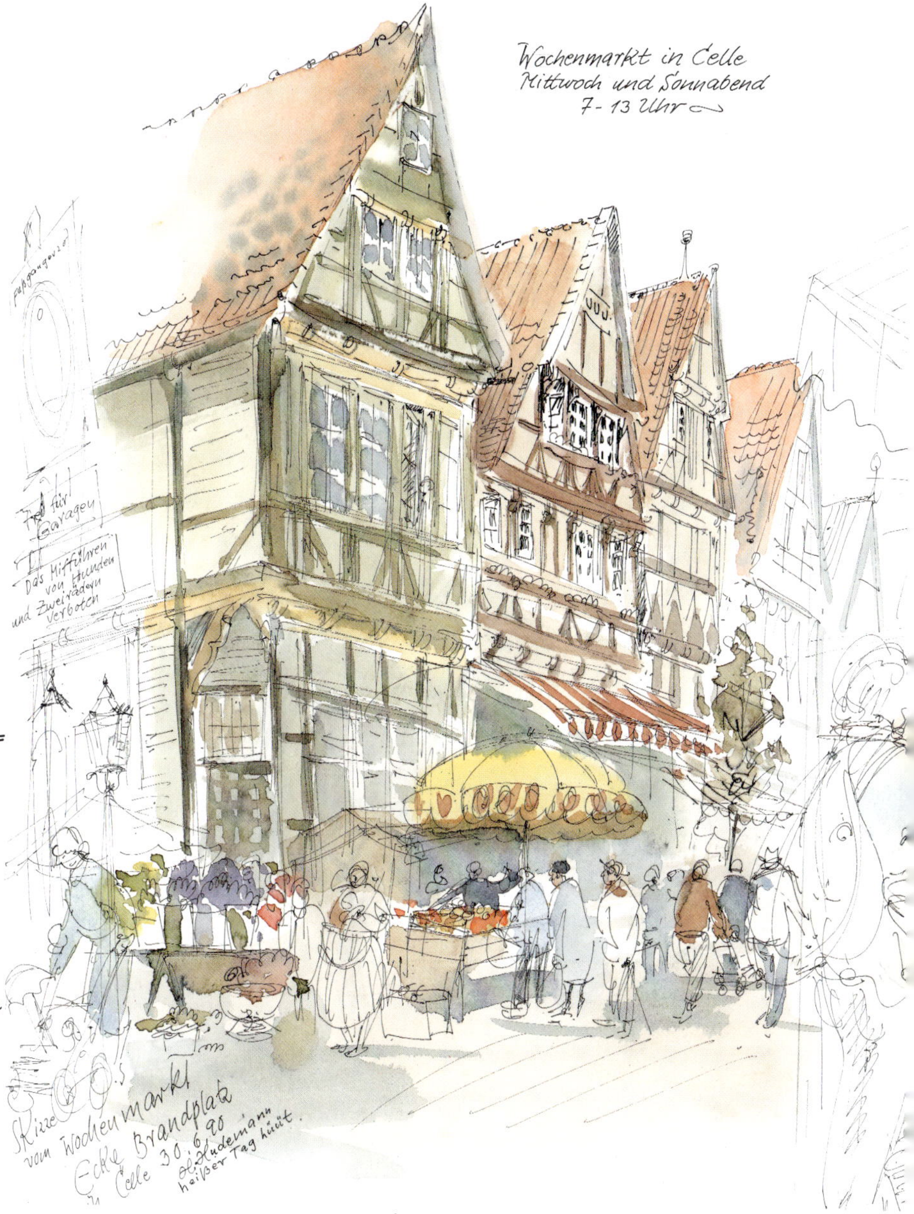

Gasthaus
zum blauen Engel
Plan 7.  H. Hudemann
Celle Juli 91

Skizze vom Wochenmarkt
Ecke Brandplatz
Celle 30.6.90
H.Hudemann
heißer Tag hüüt.

## Cellesche Zeitung

Einige Jahrzehnte lang hat die Cellesche Zeitung die Familien der Stadt in sehr persönlicher Weise begleitet. Ein Pastor schrieb Nachrufe auf verstorbene Celler. Er zeichnete „P. i. R." und das war wirklich ein Gütezeichen. Aber bei besonders gewichtigen Persönlichkeiten stand unter dem Nachruf „epn". Der Verleger selbst – Ernst Pfingsten – hatte diesen Nachruf ge = schrieben und der war dann oft großartig und genial. Im Juli 1960 beendete er den Nachruf auf den Tierarzt Dr. Doehler mit den Worten: „Ein Mann, der sein reiches Wissen nie verleugnete und der es wagte, sein Leben zu leben.

Eben Dr. Doehler, von seinen Schülern liebe = voll „Bubi Doehler" genannt, war wirklich ein Original. Als Folge einer Verwundung im Ersten Weltkrieg wurde sein Gang immer schwerfälliger. Die lässige Kleidung und der mehr als unfreundliche Umgangston in seiner Praxis verbargen den feingebildeten Musikkenner und Besitzer von wertvollen Kunstschätzen. Als ein anerkannter Naturwissenschaftler war er Dozent am Thearseminar. Die Seminaristen verehrten ihren Lehrer.

Als bei Semesterbeginn „Bubi Doehler" Spottworte nachgerufen wurden, ver = langte er mit seiner natürlichen Autorität eine Entschuldigung abends in seiner Wohnung. Tatsächlich erschienen zwei ostelbische Junker zur Entschuldi = gung. Dr. Doehler zog sie in ein interessantes Gespräch, die jungen Herren waren begeistert und nahmen gern die Einladung zum Abendessen an.

Bubi Doehler ging mit ihnen eben über die Straße in die Pferdeschlachterei Tündermann in der Neuen Straße, da hatten die Agrarier plötzlich keinen Hunger mehr, doch Doehler gab keinen Pardon, und wer konnte ihm schon widersprechen. So wurden zwei Seminaristen wie ihr Dozent Liebhaber von Pferdefleisch. ⌐

Die Löwenapotheke

Die Löwenapotheke hat 1906 durch den Umbau des Eckhauses der Apothekenhäuser ihre stattliche Ansicht bekommen. Das Haupthaus der alten Hofapotheke ist aber das größere Traufenhaus, an der Stechbahn neben der Offizin mit den Sandstein-Rundbogen auf gedrungenen Säulen. In diesem großen Haus, das herzogliches Eigentum war, gründete Herzog Wilhelm der Jüngere 1580 die „Herrschaftliche Apotheke". Der Herzog besoldete den Apotheker, damit der Hof mit allen seinen Bediensteten und die Armen der Stadt kostenlos mit allen notwendigen Arzneien versorgt werden konnten. Um diese vornehmste Verpflichtung der „Herrschaftlichen Apotheke" nicht zu gefährden, wurden Pläne, die Apotheke zu verpachten, immer wieder abgewiesen. So blieb die Apotheke bis 1849 im Besitz des Fürstenhauses. Heute ist die Löwenapotheke eine traditionsreiche Apotheke im Privatbesitz.

Schrecklich unruhige Fachbau – war kein Vergnügen, hier zu zeichnen

Kochlöffel

33

## Das Rathaus

Herzog Otto der Strenge hat 1292 beurkundet, daß die neue Stadt Celle nach seinen Plänen angelegt werden sollte. Dazu gehört auch, daß er alsbald das Rathaus am Markt bauen läßt. Es ist ein kleiner einstöckiger Bau, dessen Ausmaße in den Gewölben des Bürgermeisterkellers noch zu erkennen sind.

Bürgermeister und Rat verwalten von hier aus die Stadt und üben nach dem Stadtrecht die Gerichtbarkeit aus. Aber Herren über die Freiheiten der Stadt bleiben die Herzöge. Das Rathaus ist darum auch nicht Ausdruck des Bürgerstolzes, sondern Zeugnis der Herrschergewalt des Herzoghauses. Die Herzöge haben das Rathaus ihrer Stadt würdig ausgebaut und reich geschmückt, so daß man nicht darüber hinweg= sehen sollte, daß Bürgermeister und Rat nicht einmal über den Durst ihrer Bürger frei verfügen konnten. Es bedurfte eines herzöglichen Privilegs, daß der Rat im Ratskeller Wein ausschenken und auswärtige Biere zapfen durfte. Die Urkunde datiert vom Jahre 1378 - seitdem dürfen die Celler im Rathaus „Einbecksches Bier" trinken.

An der durch drei Giebel schön gegliederten Ostseite des Rathauses wird der herzogliche Repräsentationswille sehr deutlich. Unübersehbar sind über dem Eingang die Schmuckwappen von Herzog Wilhelm dem Jüngeren und der Herzogin Dorothea aus dem dänischen Königshause. Die Wappen werden durch eine vollendete Renaissance - Dekoration hervorgehoben. Außerdem ließ der Herzog an dem die ganze Fassade bestimmenden Erker, der aus einem Vorbau im 1. Stock aufsteigt, in zwei Rundmedaillons sich selbst als Herzog mit der Herzogin abbilden.

Der größte Schmuck des Rathauses ist der Nordgiebel mit seinen ausgegli= chenen Proportionen, ein Meisterwerk der Weserrenaissance, von Bildhauern aus Hameln gefertigt. Zweifellos wollte der kunstsinnige Herzog sich durch dieses außergewöhnliche Kunstwerk ein Denkmal setzen, aber er hat auch sein Selbstverständnis als lutherischer Landesherr zum Ausdruck gebracht.

U.SW.

Das Celler Rathaus, Juli 1991
Ein junger amerikanischer Tourist wedelte
mit großen Scheinen vor meiner Nase herum.
Er wollte diese Zeichnung unbedingt kaufen.
Mit Mühe konnte ein gut englischsprechender
Zugucker ihm verklaren, daß die Zeichnung
demnächst in einem Buch erscheint. H. Hudeman

Der hohe Chor der gotischen Backsteinkirche überragte
die eher ärmlichen Häuser der Stadt. Erst zwei bis
dreihundert Jahren, nach dem Bau der Kirche erreichte
die Stadt einen gewissen Wohlstand, darum mußte auch
das Rathaus erweitert werden. fast verborgen dahinter
ist nun der Hohe Chor der alten Kirche.

Der Nordgiebel wird
von der spitzen Staffel
überragt, die von einem
kraftvollen Dreiecks=
giebel mit hoher Wetter=
fahne abgeschlossen
wird. Darin sieht man
das Celler Stadtwappen
und darunter das Psalm=
wort, mit dem Wilhelm,
Herzog von Braunschweig
und Lüneburg seinen
Anspruch als Herr und
Richter der Stadt be=
gründet und begrenzt.

NISI DOMINVS CVSTO
DIERIT CIVITATEM FR
VSTRA VIGILAT QVI CV
STODIT EAM PSALM J22

„Wo der Herr nicht die
Stadt behütet, so wachet
der Wächter umsonst."
                    Psalm 127.

So, leewe Lüüd, un nu
erstmol 'n scheun
Tass' Kaff!

u.s.w
u.s.w

PRANGERSCHÄNKE

Blick von der
Zöllnerstraße
auf Kirche
und Rathaus
Juni 91 H. Sudemann

## Die Kalandgasse

Vom Rathaus am Markt, der immer mit Leben und Treiben erfüllt war, führen ein paar Schritte zum abseitsgelegenen, stillen Bezirk der Kirche mit der Kalandgasse.

Der Kaland war unter den Celler Herzögen zu einer gewichtigen Bruderschaft von Priestern und Laien geworden. Er hatte bedeutende Güter, Renten und Rechte, aber auch große Verpflichtungen für die Kirchen in Celle und in Altencelle und für die Lateinschule. Die Kalandbruderschaft wurde nach der Reformation aufgelöst. Das Vermögen wurde in die Kalandstiftung eingebracht und vom Patron der Stadtkirche, dem Magistrat, verwaltet. Für die altehrwürdige Lateinschule, die so alt war wie die Stadt selbst, baute der Magistrat in den Jahren 1601 bis 1604 nicht nur eine neue Schule, sondern eine ganze Schulgasse. Der Ratszimmermeister Gudehus baute neben dem Schulhaus auch die Wohnungen für Rektor, Konrektor, Kantor und Subkonrektor und schuf damit eine Gebäudereihe von einmaliger Schönheit und Geschlossenheit. Die Häuser stehen nicht in der Tradition der bürgerlichen Giebelhäuser, ihre hohen vorgekragten Geschosse reichen hinauf bis zur Traufe. Voller Bewunderung stehen wir nach fast 400 Jahren vor dieser Meisterleistung der Zimmerleute, die ihr Fachwerk mit reichem Ornamentschmuck verziert haben. Hohe Fenster zwischen den scharfkantigen Ständern geben den Klassenräumen viel Licht. Die breiten Eichenschwellen tragen Bibelsprüche, die für Lehrer und Schüler in gleicher Weise beherzigenswert waren. ~

Celle
Kalandgasse
1990
H. Judemann

Während ich hier zeichnete, sagte eine alte Frau zu mir: „Se sitten hier un molen, maken Se man eensmol ehr Köök."

Als das Königreich Hannover 1866
von Preußen annektiert wurde, muß=
ten die Hoflieferanten die König=
lichen Wappen von ihren Häusern
abnehmen. Kaufmann Bock, Nach=
folger von fried. Huth weigerte
sich, das Schild mit dem Königli=
chen Wappen abzunehmen. Beim
abendlichen Stammtisch wurde
bekannt, daß der preußische Wacht=
meister am nächsten Tag mit
Handwerkern kommen würde,
um das inkriminierte Schild
abzubauen. Die Stammtischrunde
kam zu dem Beschluß, daß der
anwesende Malermeister noch in
der Nacht das Wappen übermalen
und dafür einen stolzen Heid=
schnucken-Bock als Wappenschild
einfügen sollte.

Kutschwagenfahrten durch die
Innenstadt. Von 9-18 Uhr alle ½ Stunde,
Abfahrt am Schloßplatz. — Hüa!

Pranger von 1786 am Celler Rathaus,
Südseite. Heute besorgen das die ver=
schiedenen Medien, weltweit, schön
breit ausgewalzt. „Hett im Blatt
stohn, mutt jo denn woll wohr sichn—"
                                        X.

HOCHZEIT IN D. STADTKIRCHE
IN CELLE    04.5.91

## Die Stadtkirche

Auf der höchsten Erhebung des Kreuzwerders zwischen Aller und Fuhse beginnt Herzog Otto, Bauherr der Burg, bald auch Gründer der Stadt, mit dem Bau der Parochialkirche. Für den Bau werden Meister und Gesellen angeworben, die in der handwerklichen Tradition der Backsteinbaukunst stehen. Vielleicht hat diese Bauhütte ihren Ursprung in Lüneburg, der Residenz des Herzogs, sicher ist, daß sie beim Bau der Marienkirche in Uelzen ihre Meisterschaft bewiesen hat. Nach dem Bau der Celler Stadtkirche finden wir diese Bauhütte wieder in Wienhausen. Dort hatte die Bauhütte durch die Dotation der Schwester des Celler Herzogs, Mechtild, reichere Mittel für den Bau zur Verfügung als in Celle, aber auch in Celle hat die Bauhütte gewiß ein Meisterwerk geschaffen.

Der Besucher der Stadtkirche mag bedauern, daß von diesem Meisterwerk gotischer Backsteinbaukunst nichts mehr zu sehen ist. Aber mit der Reformation wurde die Celler Kirche zur Hauptkirche des Fürstentums, und die junge lutherische Kirche hatte die schöpferische Kraft, mit den künstlerischen Ausdrucksmitteln ihrer Zeit die Kirche neu zu gestalten.

In nur wenig über 150 Jahren entstand ein eindrucksvolles Gesamtkunstwerk. Dabei ist die Umgestaltung nicht das Werk eines Künstlers und seiner Schule. Vielmehr haben die Stifter aus dem Herzoghaus, das geistliche Ministerium an der Stadtkirche, die Kirchherren des Magistrates und die Celler Handwerker zusammengewirkt. Darum findet der Besucher neben Werken von höchstem künstlerischen Rang auch gutgemeinte schlichte Arbeiten. Alles aber fügt sich gut zusammen, weil die Kunstwerke in der Stadtkirche als Ausdruck des neuen evangelischen Glaubens die alten biblischen Wahrheiten darstellen sollten. Für alle Kunstwerke gilt, was die Kirchherren über die Stiftung des Altars bezeugen: „In Gottes Ehren hat der .... hochgeborene Fürst und Herr Christian .... in Christ und fürstlicher Mildigkeit diesen Altar setzen lassen. (1613)."

Zum Besuch in Celle gehören auch Spaziergänge in die historische Um=
gebung. Von den alten Fachwerkstraßen sind es nur ein paar Schritte zur
Aller. Von der Pfennigbrücke aus tut sich ein freier Blick über die Dam=
maschwiesen bis hin zu Thaer's Garten auf. Längst hat die Stadt einen
festen Fußgängersteig gebaut, aber es bleibt bei dem Namen „Pfennigbrücke".
Im Jahre 1900 baute der Wirt der blühenden Schiffahrt von seinem Grund=
stück über die Aller eine Pontonbrücke. Feder, der diese Brücke passierte,
zahlte einen Pfennig.

Pfennigbrücke an der Aller 97. 1 V. 91          H. Heudemann

Thaers Garten u. Dammaschwiesen
Oktober 1990
H. Sudemann

Hier an der ruhig fließenden Oberaller haben die Rudervereine der Celler
Gymnasien und die Kanuclubs ihre Bootshäuser, und an einem breiten Steg
liegen die Kähne von Fischmeister Nölke, der viel weiß von der Aller, ist
er doch schon in der fünften Generation auf diesem Fluß.
    Auf der schönen Allee, vorbei an Leisewitz' Garten, kommt man zu Thaer's
Garten. Dort legte Albrecht Daniel Thaer die erste deutsche landwirtschaft=
liche Versuchsanstalt an. Albrecht Thaer wurde 1752 als Sohn des Stadt-Physikus
        in Celle geboren, studierte Medizin, wandte sich aber dann der
        Landwirtschaft zu. Er wurde der Begründer der rationellen Land=
        wirtschaft und war schon zu Lebzeiten so bekannt, daß Goethe
        ihm zum 73. Geburtstag eine Laudatio widmete: „Der Mann gehört
        der Welt."
    Albrecht Daniel Thaer war so vielseitig in seiner praktischen
Arbeit und in seinem schriftstellerischen Schaffen, daß es Cellern
vor dem Thaerdenkmal schwerfällt, Besuchern die Bedeutung
Thaers zu erklären. In solcher Lage hat sich ein latinischer
Buur aus dem Bremen-Verdenschen einmal so aus der Affäre
gezogen: Der Bauer hatte in Celle an einem Lehrgang des Thaer=
seminars teilgenommen und berichtete nun im heimatlichen
Krug über das Neueste. Da kam der Schulmeister dazu und

Altenceller
Kirche Hudeman 1991

wollte nun mehr von Dr. Thaer wissen und fragte und fragte. Da wurde es
dem latinischen Burn to dumm, und er sagte: „Segg dienen Schölern man,
hei was der Erfinder der „pommes de terre" grötter geits nich."

    Hinter Thaer's Garten" befindet sich ein alter Park mit herrlichem Baumbestand
und von da geht es durch die Allerniederung, bis auf dem hochwasserfreien
Südufer des Urstromtales die Altenceller Kirche auftaucht. Dort lag die ur=
alte Siedlung Kiellu, der als „Castrum Iselle" Herzog Otto, er starb 1252,
das Stadtrecht verlieh. ～

Denkmal der Königin
Caroline Mathilde 1990
L. Zeudan

Vom Schloßgarten geht der Besucher über die belebte Westerceller
Torstraße in den französischen Garten, der Ende des 17. Jahrhunderts
im französischen Stil angelegt war, dann aber unter Georg IV., König von
Großbritannien und Kurfürst von Hannover, in einen englischen Park
umgewandelt wurde. Die großartigen Doppelalleen führen auf das
Denkmal der Königin Caroline Mathilde von Dänemark zu. Das Denk=
mal wurde von der Lüneburger Ritterschaft gestiftet. Der Entwurf
stammt von A. F. Oeser, Goethes Zeichenlehrer in Leipzig.

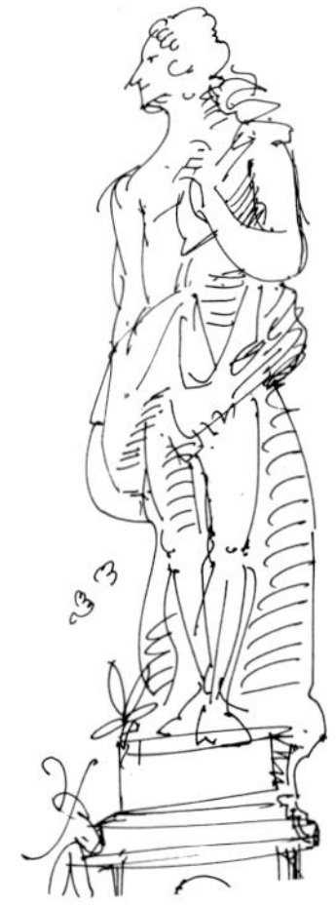

"BANNKÖRBE"!

ALTER BIENEN-
TREPPEN-
SPEICHER

CELLE, C.H. S. 91

45

ALTER BIENEN-TREPPENSPEICHER

## Das Bienenmuseum

In der Orangerie, einem behäbigen Fachwerkhaus, wurde 1927 das Niedersäch= sische Landesinstitut für Bienenforschung gegründet. Neben wissenschaftlichen Ar= beiten zur Förderung der Bienenzucht hat das Institut die Aufgabe, Imker aus= zubilden. In den ersten Jahren, als noch sehr einfach auf allerengstem Raum gearbeitet werden mußte, gab es jedes Jahr nach den Prüfungen den Bienenball. (Wat dat nich allens gifft?!) Prof. Koch, der erste wissenschaftliche Direktor, gab dabei immer einen launigen Bericht über die Arbeit. Unvergessen ist aus diesen Berichten „Das anstößige Telegramm aus Spiekeroog". Man denke, in einer Demokratie, wo gesittete Telefonfräulein jedes Telegramm von Amt zu Amt durchsprechen, kommt in Celle ein Telegramm an: „Sieben Königinnen erfolgreich begattet. Carstens". Für eine planmäßige Zucht hatte Meister Carstens ausgesuchte Bienenvölker auf die Insel gebracht, dort wurden dann die Königinnen aus ihrem kleinen Gefängnis zu ihrem Hochzeitsflug in schwindelnde Höhen entlassen. Das war der zaghafte Anfang einer heute bedeutenden Bienenzucht. Heute, nach 60 Jahren, werden mehrere hundert Königinnen von Cuxhaven mit pferdebespannten Wattwagen auf die Insel Neuwerk gebracht. Dort halten sie dann ihren Hochzeitsflug.

Die wissenschaftliche Arbeit des Bieneninstitutes ist von hervorragender Bedeutung für den Naturschutz, denn unsere vielfältige Pflanzenwelt kann nur erhalten werden, wenn gesunde Bienen aus gesunden Völkern in den Blüten Honig sammeln und dabei die Pflanzen bestäuben und befruchten.

In diesem hochmodernen wissenschaftlichen Institut gibt es eine kleine Kostbarkeit: das Bienenmuseum. Da findet man im alten Treppenspeicher die Arbeitsgeräte der Heideimker, Bienenkörbe, Bienensegen und Bannkörbe, die unliebsames Gesindel vom Bienenzaun fernhalten sollten. Zum Museum gehört eine lange Mauer, in deren Schutz zur Zeit der Herzöge die Pome= ranzen reiften. Heute stehen dort viele Bienenvölker.

In diesem stillen Garten, beim Summen der Bienen, kann man den Rundgang durch die Stadt unterbrechen und sich auf den Besuch der Celler Museen vorbereiten. (Ick sett mi ober ersmol op de Bank.)

LOUIS DOLZE
Ende 18. J.

späät Biedermeier

hann. Militär

Bürgerliche Kleidung

Landkreis Celle

1925

Beinkleid
offen 1900
es zieht!

Vierlanden

H. Hudemann
1991

## Das Bomann Museum

Im Jahre 1892 feierte die Stadt Celle ihr 600-jähriges Jubiläum mit "lebenden Bildern", einem historischen Umzug mit Kommersen und Festessen. Die "Bürger, die sich für die "Lebenden Bilder" in die Geschichte ihrer Stadt verteilt und viel Arbeit aufgewendet hatten, wollten, daß daraus etwas Bleibendes würde. Sie gründeten den Museumsverein, um vom Alten zu retten und zu sammeln, was der Erinnerung und Aufbewahrung würdig schien". (Wilhelm Bomann bei der Einweihung des Museums 1907) Die Celler brachten in ihr Museum, was erhalten bleiben sollte von dem Ererbten. Und das waren oft sehr wertvolle Stücke: alte Möbel, Bilder und wertvolles Porzellan und Silber.

Die Sammlung des bäuerlichen Hauswesens entstand mehr dadurch, daß Museumsfreunde – allen voran Wilhelm Bomann – auf den Bauernhöfen das bäuerliche Werkzeug und die Geräte sammelten, die die Bauern bei der Technisierung ihrer Höfe aus der Hand legten. Darum sind die ersten Sammlungen für das bäuerliche Hauswesen und Tagewerk so wertvoll. Alles kam von den Höfen gleichsam "handwarm" ins Museum.

Zunächst wurden die Sammlungen des Museums in einem alten Schulgebäude untergebracht, doch reichten schon bald diese Räume nicht mehr aus, ein Neubau wurde geplant. Schon 1903 konnte der Grundstein für das Museum auf einem Grundstück gelegt werden, das dem Museum an der Stechbahn und an der Schloßfreiheit einen dominierenden Standort in der Stadt sicherte. Als Wilhelm Bomann 1907 das Museum eröffnen konnte, stellte er mit Stolz fest, daß dieser großartige Bau durch Celler Bürger entstanden sei. Die Celler aber wußten, daß das Besondere an diesem Museum von Wilhelm Bomann stammte. Er reihte nicht nur Altertümer in Schaukästen aneinander, sondern baute Wohnräume und Herdstellen, ja sogar das Zweiständerhaus es eines Vollhöfners in das Museum ein. Der letzte Besitzer des Vollhofes Nar, Narjesbergen, stiftete das Haus mitsamt seiner Einrichtung und ließ es mit eigenem Fuhrwerk nach Celle schaffen. Ganz im Sinne von Wilhelm Bomann und der Celler Bürger, die Erbstücke in ihr Museum brachten, und von den Mitgliedern des Museumsvereins, die auf den Bauernhöfen sammelten, ist das Bomann Museum ein lebendiges Museum geblieben.

# Das Schützenmuseum

Das Schützenwesen hat für Celle eine große Bedeutung. Die freie Bürgerwehr ist wohl der Ursprung der späteren Schützengilden, die eine sehr wechselvolle Geschichte in Krieg- und Friedenszeiten und in Zeiten wirtschaftlicher Not gehabt haben. Da die Vorstädte eine eigene Verwaltung mit eigenen Bürgermeistern hatten, gab es auch selbständige Schützengilden, die eigene Schützenfeste feierten. Das waren Volksfeste, in denen sich die Gemeinschaft der Altstädter und der Vorstädter feierte. Seit 1928 feiern diese Schützengesellschaften ein gemeinsames Schützenfest unter Beibehaltung traditioneller Eigenheiten. Zur Darstellung dieser vielfältigen Geschichte haben die fünf Celler Schützengesellschaften das Schützenmuseum in einem alten Fachwerkhaus auf einer Stützmauer des Stadtwalles eingerichtet. Der Besucher findet alte Urkunden, Königsketten, Ehrenpokale und Orden. Einmalig dürfte eine Sammlung von Porträts der Schützenkönige sein. Darunter sind 27 Königsbilder von dem weit über die Provinz Hannover bekannten Porträtmaler Wricheldorf von kunsthistorischer Bedeutung.

*Schützenmuseum Am Nordwall H. Hachelica 1980*

Während Hilde Hudemann den Bericht über die Celler Museen in ihre Handschrift überträgt, wird in Celle die Ebehard Schlotter Stiftung übernommen. Die umfangreiche Sammlung von Grafik und Gemälden umfaßt das reiche künstlerische Lebenswerk dieses Künstlers, ein Teil dieses Werkes wird in einer Ausstellung gezeigt. Daneben enthält die Stiftung das persönliche Archiv Eberhard Schlotters mit Tagebüchern und dem Briefwechsel mit Künstlern unserer Zeit.

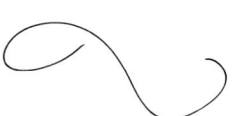

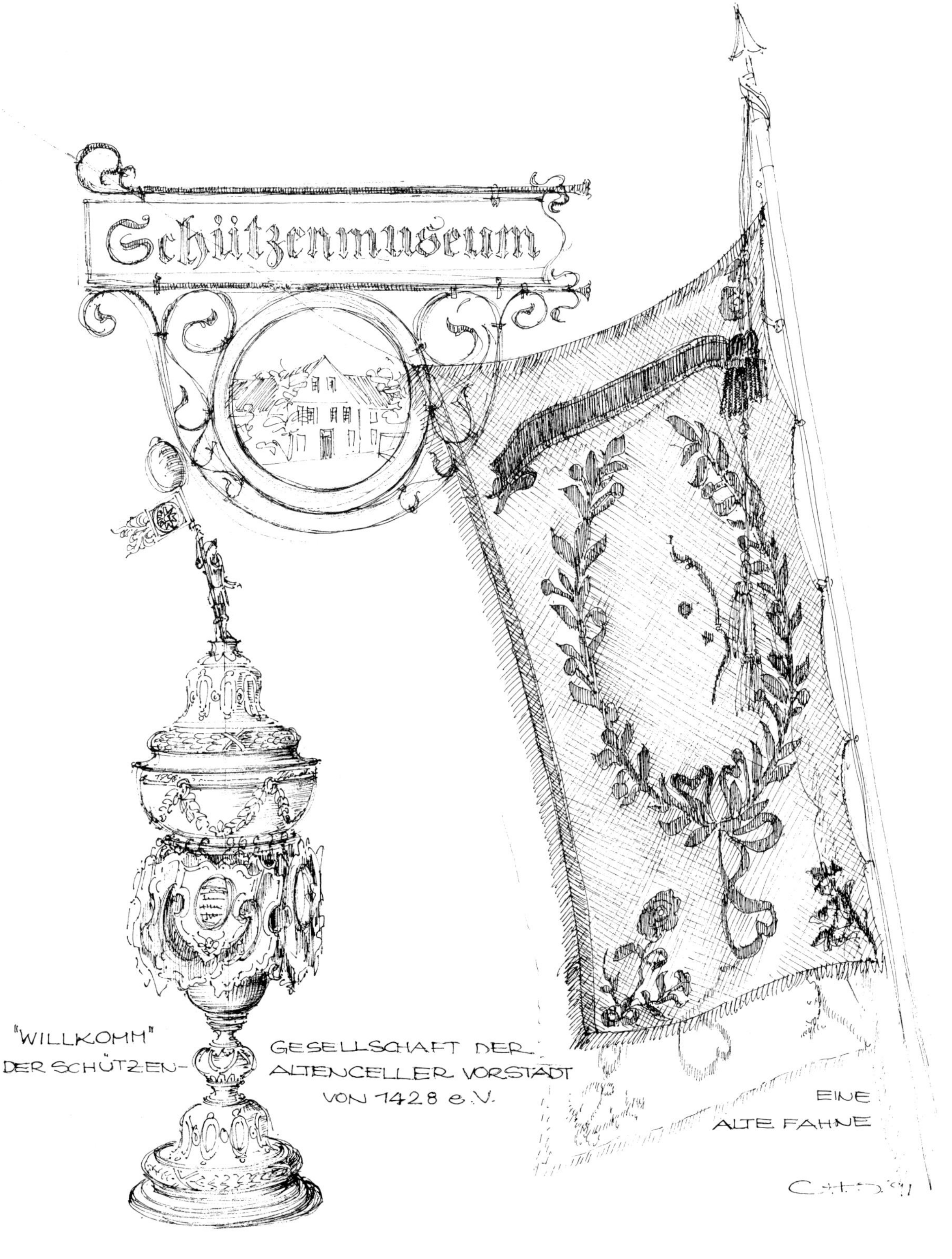
Schützenmuseum
"WILLKOMM"
DER SCHÜTZEN-GESELLSCHAFT DER ALTENCELLER VORSTADT VON 1428 e.V.
EINE ALTE FAHNE

## Das Palais im Prinzengarten

König Georg III. setzte 1763 seinen Schwager, Prinz Ernst von Mecklenburg-Strelitz, als Gouverneur in Celle ein. Das stattliche Kommandanten=haus in der Stadt behagte dem Prinzen nicht, es zog ihn hinaus in die Natur. Darum erwarb er ein weites Wiesen- und Gar=tengelände vor dem Hehlentor. Dort schuf er den Prinzengarten, von dem aus der Blick unge=hindert über Wiesen und Fel=der schweifen konnte. In dieser Parklandschaft baute er sein Lustschloß — den Prinzengarten. Längst ist der große Park zerstückelt und die weite Aussicht verbaut, aber das Palais hat seinen Charme bewahrt.

## Stickmustermuseum

Das Deutsche Stickmustermuseum Celle präsentiert in den luftigen, festlichen Räumen eines Rokokoschlößchens Stickmustertücher aus vier Jahrhunderten und aus vielen europäischen Ländern.

Anfangs waren es kleine Mädchen von fünf bis fünfzehn Jahren, die auf zar=ten Tüchern mit Seide die Muster stickten. Diese Arbeiten würden sie später als Frauen als Vorlagen für die Stickereien im häuslichen Alltag von der Aus=steuer bis zum Totenhemd verwenden. Die Motive der Muster sind so vielfältig wie die späteren Anwendungen und sind aus uralter Symbolik entwickelt.

Die Stickmustertücher sind von überzeugender Schönheit und handarbeit=licher Kunstfertigkeit. Doch wird der Besucher bald feststellen, daß diese Kostbar=keiten auch ein Beitrag zur Geschichte der Mädchenerziehung, zur Frauenunter=drückung und zu den Anfängen einer frühen Frauenkultur sind. —

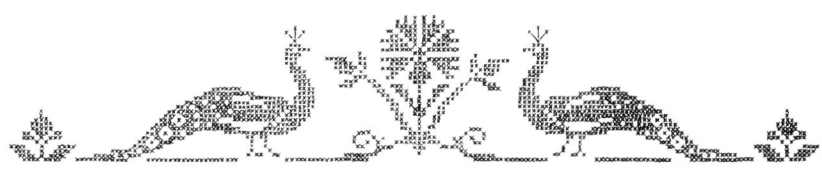

SYNAGOGE IN
CELLE

O.5.91

## Synagoge

Gleich hinter dem Parktor überquert man den Stadt=graben. Heute nur noch ein Rinnsal, aber es markiert eine wichtige Grenze. In der Stadt hatten Bürgermeister und Rat die Gerichtbar=keit, außerhalb des Stadt=grabens übte der Landesherr durch die Burgvogtei seine Herrschaft aus und gab in den Vorstädten Masch und Blumlage aus dem Osten zuziehenden Juden Auf=enthaltsrecht und Geleit=briefe. Nach 1700 kamen etwa 40 jüdische Familien nach Celle, mehr als den Celler Kaufleuten recht war.

Georg II., König von Groß=britannien und Irland und als Kurfürst des deutschen Reiches auch Landesherr im Fürstentum Lüneburg, gewährte den Juden die Freiheit, eine Synagoge bauen zu dürfen. Als die Juden 1740 ihre Synagoge bauen, entsteht eine Hof=synagoge in Erinnerung an ihre Heimat im Osten. Es sind aschkenasische Juden, die in ihren Familien jiddisch und in der Synagoge hebräisch sprechen. Die Gemeinde, als Juden durch Verfolgungen geprägt, erlebt unter den englischen Königen befreiende Toleranz. So bauten sie einen Festsaal für die schönen Gottesdienste des Herrn. Die wertvolle Einrichtung und alte Schriften wurden in der „Reichskristall= nacht" am 9. November 1938 zerstört.

Nach der Befreiung der Juden in Bergen-Belsen und in den vielen kleinen Arbeitslagern, aber auch aus Transportzügen im April 1945, wurden die Be= freiten in Lagern für „displaced persons" untergebracht. In Celle wurden in der großen Infanteriekaserne über tausend Juden zusammengepfercht. Sie waren von den Strapazen der Transporte und den Mißhandlungen in den Lagern krank, kraftlos und seelisch zerstört.

Man hat darum den Rest der Entronnenen als „gebrannte Steine" be= zeichnet, im Brennofen Holocaust ist alles Leben zerstört. Bei den Juden, die nach Celle kamen, war ein junger Rabbiner Israel Mosche Olewski, er war überzeugt, daß die Überlebenden nur dann ins Leben zurückfinden würden, wenn sie wieder Tora lernen könnten. Darum richtete er die Synagoge mit einfachen Latten und rauhen Brettern wieder her und schon Ende April wurde in der Synagoge wieder dreimal täglich Tora gelernt. Durch die Be= gegnung mit den Verheißungen Gottes entsteht neues Leben. Viele Kinder wurden in Celle geboren, Juden, die heute in aller Welt sagen: ich bin in Celle geboren.

Blumlage

Herzog Ernst der Bekenner ließ 1530 Blumlage anlegen, er war ein moderner Fürst, der seinen Untertanen das Beste geben wollte. Die Blumlage ist ein ganz breiter Straßenzug mit einem Anger in der Mitte. Ein großer Fortschritt gegenüber den engen Straßen der Städte. In den Städten lagen die Misthaufen vor der Tür auf der Straße, in der herzoglichen Siedlung liegen die Misthaufen hinter den Häusern an einem besonderen Dreckweg. (Wo Menschen sind, da ist auch Schiet) Weitschauende Planung eines Fürsten. Aber die Wirklichkeit sah anders aus. Die Bewohner, die in diese moderne Siedlung

einzogen, waren
Hörige des Her=
zogs und waren
mit ungemesse=
nen Herrendien=
sten belastet.
So wurde diese
großartige Sied=
lung das Arme=
leuteviertel von
Celle und hatte
einen schlechten
Ruf, da wohn=
ten die Soziali=
sten und Kom=
munisten. Aber
weil die Bewoh=
ner immer zu=
sammenblieben,
entstand „Soli=
darität".
   Die Blumlä=
ger und Mascher
kannten die Nö=
te im Nachbar=
haus und halfen.
Asoziale, die aus
der Sozialgemein=
schaft herausge=
fallen waren,
gab es nicht. So=
gar mit dem
Pastor waren die

CELLE
BLUMLAGE    04.5.91

Sozialistischen und Kommunisten solidarisch. In der Inflationszeit wurde Pastor Rautenberg mit den Problemen des alltäglichen Lebens einfach nicht fertig. Da haben die Blumläger ihren Pastor durchgefüttert. Zum Glück war der Pastor in weltlichen Dingen so unerfahren, daß er nicht merkte, daß der „Stall"-hase in der Feldmark gewildert war. Noch heute, nach über 70 Jahren, erzählt man sich, daß Pastor Rautenberg in alle Häuser gehen konnte – städtische Angestellte forderten immer den Schutz des Wachtmeisters an.

Aus einer Vorstadt mit solcher Geschichte gibt es viel zu erzählen, aber das sind lange Geschichten, drum nur die kürzeste:

Zu Pastor Rautenberg kommt eine junge Mutter, um ihr Kind zur Taufe anzumelden. Wie so oft auf der Blumlage ist es ein uneheliches Kind, sowas kommt ja in der würdigen Stadt Celle selten vor. Aber hier auf der Blumlage ist es das dritte uneheliche Kind. Und Pastor Rautenberg weiß natürlich, daß es immer derselbe Vater ist. Da versucht er ganz vorsichtig: „Wollt ihr denn nicht heiraten?" Da antwortet die stolze Mutter empört: „Er ist mich zu unsympathisch." Und die Solidarität trug auch diese Frau und ihre unehelichen Kinder.

Am Ende der Blumlage liegt die St.-Georgs-Kirche, dahinter beginnt die Feldmark des Dorfes Altencelle. Hier, weit ab von der Stadt und vom Dorf Celle, wurde 1392 das Hospital St. Georg gebaut. Ein Leprosarium, das dann später zu einem Siechenhaus umgewandelt wurde. Die kleine Heiligengeist-kirche etwa 1400 erbaut wurde später als Gemeindekirche nach dem Dreißig-jährigen Krieg erweitert. Auf dem Gelände von St. Georg sind jetzt Alten-wohnungen, Altenheime und Pflegeheime untergebracht. Sie haben meist ihre Wurzeln in alten Stiftungen, die ihr Vermögen erst in der Inflation verloren haben, es sind St. Annen, das Wilhelm-Hospital und die Schulzestiftung.

Skizzen von der
Celler Hengstparade 1989
H. Hudemann

## Hengstparade

Dem Besucher der alten Herzogstadt kann auch das Umland nicht gleichgültig bleiben.

Südlich der Fuhse gründete Georg der Andere von Gottes Gnaden, König von Groß-Britannien, Herzog zu Braunschweig und Lüneburg, 1735 das Landgestüt zur Hebung der Landespferdezucht. Jedes Jahr werden die Hengste den kritischen Augen der Züchter und der Liebhaber edler Pferde bei der Hengstparade vorgeführt. Sie zeigen da ihr Temperament und ihre Vielseitigkeit. Auf dem historischen Paradeplatz werden sie an der Hand, unter dem Reiter, im Gespann und in der Freiheitsdressur vorgeführt.

## Industrie

Etwas weiter entfernt - aber für das heutige Celle von noch größerer Bedeutung - ist das Wietzer Öl. Schon im Mittelalter wurde aus den Teerkuhlen rings um Celle Wagenschmiere und Erdpech als Grundlage vielerlei Arzneimittel gewonnen.

1858 ließ der König von Hannover durch Professor Hunäus die erste Erdölbohrung niederbringen. Dies war weltweit die erste Erdölbohrung. Wenn man heute Bohrtürme auf den Erdölfeldern der Welt sieht, dann sollte man nicht vergessen: Der erste Bohrturm stand bei Celle!

Im Wietzer Erdölfeld wurden immer neue Bohrgeräte entwickelt; auch die ersten seismographischen Messungen zur Erforschung des Untergrundes wurden hier durchgeführt. Dadurch hat sich Celle zu einem bedeutenden Standort der Erdöl- und Erdgas-Service-Industrie entwickelt. Celler Tiefbohrfirmen von Weltruf haben in Celle ihren Sitz, und viele amerikanische Gesellschaften haben hier Tochterunternehmen gegründet.

Besuchen Sie das
Deutsche Erdölmuseum in Wietze
Telefon 05146/2168 oder 05146/2360
Erwachsene
DM 2,50
20535

R. Heidemann 1991
Schönes Wetter heute

Ende des 19. Jahrhunderts wurden auch die Bodenschätze Kali und Kieselgur Grundlage für neue Industrien in Celle. Es ist etwas über hundert Jahre her, daß der Senator Haacke mit seinem Jagdfreund Berkefeld bei einer Jagd in der Nähe von Oberohe Kieselgur durch die Hände rieseln ließen und dabei überlegten, was man damit wohl anfangen könnte. Haacke gebrauchte Kieselgur für Isolierungen. Heute gibt es eine bedeutende Industrie für Isolierstoffe in Celle.

Berkefeld erfindet den Trinkwasserfilter, der sich schon bei der Choleraepidemie 1893 in Hamburg bewährte. In allen Apotheken wurden die Berkefeldfilter aufgestellt.

Als bei der Hochflutkatastrophe in Hamburg 1963 ganze Stadtteile von der Trinkwasserversorgung abgeschnitten waren, wurden Berkefeldfilter eingeflogen.

Heute beliefert Berkefeld Wasserwerke in aller Welt, besonders dahin, wo schwierigste Wasseraufbereitungsprobleme zu lösen sind. Durch Industrie, die auf der Grundlage der Bodenschätze entstand, wurde Celle zu einem Standort, an dem sich Industrien von großer Vielseitigkeit ansiedelten.

Berkefeld
Filter

Berkefeldfilter
Gesellschaft m.b.H.
CELLE

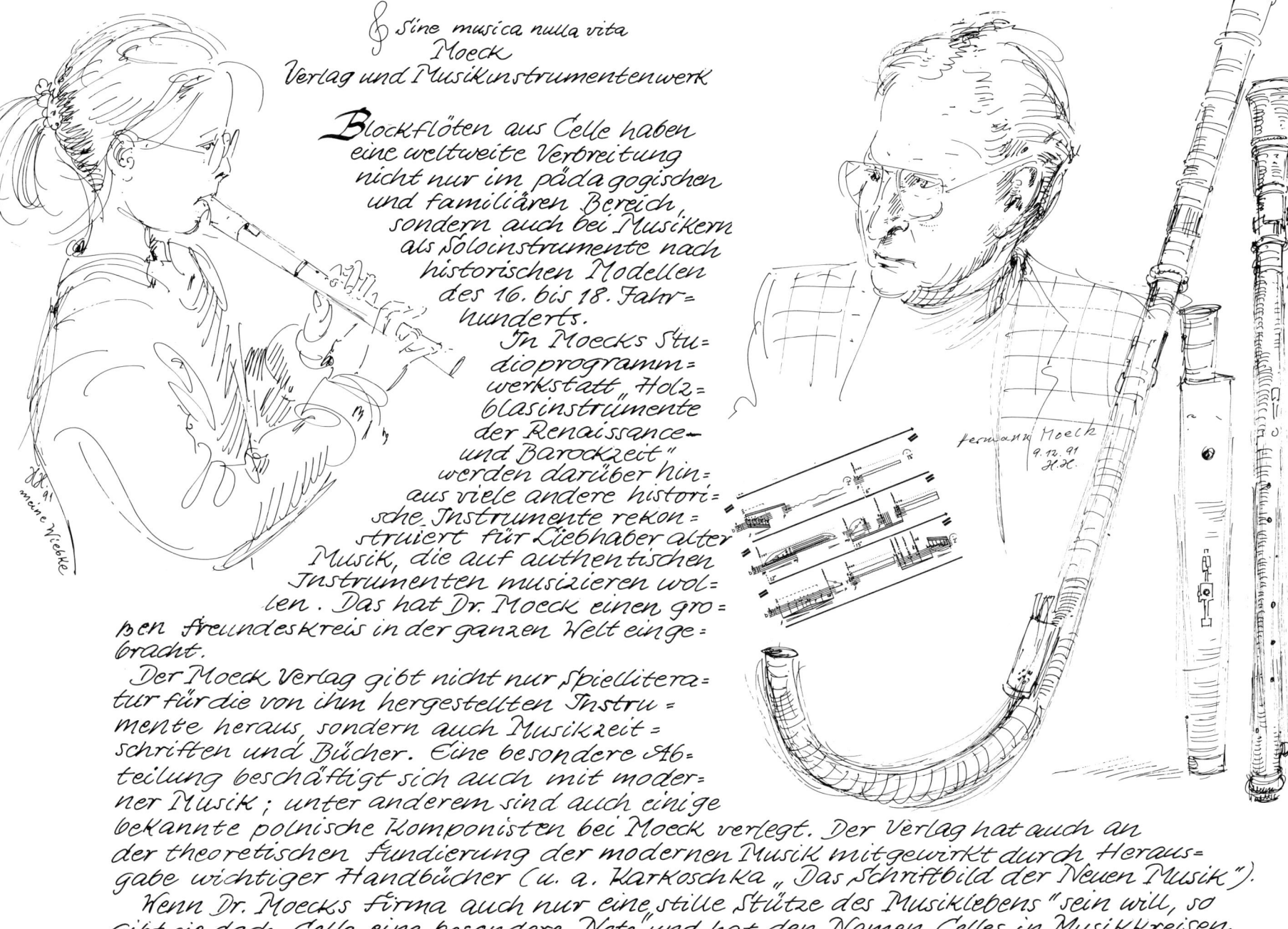

♪ Sine musica nulla vita
Moeck
Verlag und Musikinstrumentenwerk

Blockflöten aus Celle haben eine weltweite Verbreitung nicht nur im pädagogischen und familiären Bereich, sondern auch bei Musikern als Soloinstrumente nach historischen Modellen des 16. bis 18. Jahrhunderts.

In Moecks Studioprogrammwerkstatt "Holzblasinstrumente der Renaissance- und Barockzeit" werden darüber hinaus viele andere historische Instrumente rekonstruiert für Liebhaber alter Musik, die auf authentischen Instrumenten musizieren wollen. Das hat Dr. Moeck einen großen Freundeskreis in der ganzen Welt eingebracht.

Der Moeck Verlag gibt nicht nur Spielliteratur für die von ihm hergestellten Instrumente heraus, sondern auch Musikzeitschriften und Bücher. Eine besondere Abteilung beschäftigt sich auch mit moderner Musik; unter anderem sind auch einige bekannte polnische Komponisten bei Moeck verlegt. Der Verlag hat auch an der theoretischen Fundierung der modernen Musik mitgewirkt durch Herausgabe wichtiger Handbücher (u. a. Karkoschka "Das Schriftbild der Neuen Musik").

Wenn Dr. Moecks Firma auch nur eine "stille Stütze des Musiklebens" sein will, so gibt sie doch Celle eine besondere "Note" und hat den Namen Celles in Musikkreisen der ganzen Welt bekannt gemacht. ∽

Hermann Moeck
9.12.91
H.H.

meine Wiebke

Kloster Wienhausen

Kloster Wienhausen

Pfalzgraf Heinrich, der
älteste Sohn Heinrich des
Löwen und seiner zweiten
Gemahlin, Agnes von Meis=
sen stifteten das Kloster
1221 in Nienhagen.

Agnes von Meissen ver=
legte dann bald das Kloster
nach Wienhausen, eine Meile
alleraufwärts von der Stadt
und Burg Zellu. Sie sorgte
für Kirche und Klausur
sowie für Stiftungen, die
ausreichten, den Bestand
des Klosters zu sichern,
so daß am 24. April 1233
der Bischof von Hildesheim,
Conrad II., die offizielle
Stiftungsurkunde voll=
ziehen konnte.

Als junge Witwe ver=
zichtete Agnes von Meissen
auf Burg und Herzogtum
und widmete sich ganz
dem Aufbau des Klosters.
Ihr Andenken wird mit
mit dem hochcitsvollen

Stifterstandbild geehrt. Ihrem Vorbild folgend gehen Herzoginnen und Prin=
zessinnen ins Kloster, übernehmen das Amt der Äbtissin oder wählen Wien=
hausen als Witwensitz. Auch die Schwester Otto des Strengen, Mechthild, 209
nach Wienhausen und übertrug ihr ganzes

NONNENCHOR IM KLOSTER
WIENHAUSEN

90

KLOSTER WIENHAUSEN
"KISTENGANG"

C.H.S. 90

Wittum dem Kloster. Damals begannen die Bau-
arbeiten an dem Westflügel mit dem großartigen Treppengiebel und dem Treppenturm zu
den Kornböden und dem Nonnenchor. Diese
Gebäude sind ein Höhepunkt der Backsteingotik
und unverändert erhalten.

In dem ehemaligen Zisterzienser-Kloster
wird eine wahre Schatzkammer kirchlicher und
profaner Kunst des
Mittelalters in ihrem
ursprünglichen Zusam-
menhang bewahrt.
Nach der Reformation
wurde das Kloster in
ein evangelisches Da-
menstift umgewandelt, das seine Unabhängigkeit
von weltlicher Macht und kirchlicher Einflußnah-
me bewahren konnte. Das Kloster wird verwaltet
von Äbtissin und Convent. Wie in katholischer Zeit
der Äbtissin ein Probst zur Seite stand, so wird heute
die Äbtissin vom Kloster-Amtmann unterstützt
und von der Klosterkammer beraten. Äbtissinnen
und Convent haben die Gebäude in Dach und
Fach erhalten und die Liegenschaften klug
vermehrt. Die reichen Archivalien haben die
hochwürdigen Äbtissinnen über die Reformation
und viele Kriege hinweg bewahrt und die Kloster-
damen, ehrwürdige Chanoissen, haben die Kunst-
schätze liebevoll gepflegt.

MARIEN-ALEXANDER-AMPEL
KLOSTER WIENHAUSEN

Besuch in
der Orchideen-Züchterei
Wichmann bei Celle. 22. 2. 1990 H. Kudemann

Das Buch mit den Zeichnungen von Hilde Hudemann und Christel Hudemann-Schwartz trägt den Titel "Celle - die alte Herzogstadt", damit möchte ich Freunde gewinnen für meine liebe Heimatstadt. Schon lange gibt es keine Herzöge mehr, darum haben Fremdenverkehrswerber Celle, die "romantische Fachwerkstadt" genannt. Celle hat so viele liebenswerte Gesichter, warum soll man da die Herzöge vergangener Zeiten bemühen? Eine Stadt lebt von und mit ihrer Geschichte. Geht man eine Straße entlang, folgt man der Straßenführung des Mannes, der diese Straße anlegen ließ. Die Häuser erzählen ihre Geschichte, immer sind die neuen auf Resten der alten gebaut. Und schließlich begegnet man den Cellensern, die heute hier wohnen.

Bei vielen Stadtführungen konnte ich feststellen, daß dies "Gewachsensein" aus den Anfängen den Reiz der Stadt ausmacht. Celle zeigt eben nicht nur einige Glanzstücke alter Baukunst, sondern geschlossene Straßenbilder. Das bewundern auch die Gäste aus aller Welt, die zu harten Verhandlungen in den Industriestandort Celle kommen, um Lieferungsverträge abzuschließen, um mit den hochentwickelten Betrieben Lösungen für schwierige technische Probleme zu suchen oder um die Deutsche Management Akademie zu besuchen.

Diesen ganz der Technik Verpflichteten sollte man beim Abflug die besinnlichen Zeichnungen mitgeben als Erinnerung an einige Stunden der Erholung in der alten Herzogstadt Celle.

Hans-Heinrich Waack

## Inhalt

Die Deutsche Bibliothek – CIP-Einheitsaufnahme
Celle : die alte Herzogstadt / Hilde Hudemann;
Christel Hudemann-Schwartz; Hans-Heinrich
Waack. – Hamburg : Christians, 1992
ISBN 3-7672-1145-9
NE: Hudemann, Hildegard;
Hudemann-Schwartz, Christel;
Waack, Hans-Heinrich.

RITTERSCHAFT
SCHLOSSTR. 15, CELLE G.H.S.

## Quellen

Horst Appuhn / Hans Gruben=
becher. Kloster Wienhausen.
Verlag Ellermann, Hamburg 1955
Clemens Cassel, Geschichte der
Stadt Celle. Verlag W. Ströher,
Celle, 1930
Institut für Städtebau, Wohnungs=
wesen u. Landesplanung der Univer=
sität Hannover.
Stadtgestalt und Denkmalschutz
in Niedersachsen. Der Niedersäch=
sische Sozialminister, Hannover 1981.
Oskar Karpa, Celle und Kloster
Wienhausen. München / Berlin.
Carla Meyer-Rasch, Celler Persön=
lichkeiten. Cellesche Zeitung. Celle 1957.
Möller, R W L E. Celle-Lexikon
Verlag August Lax, Hildesheim 1987.
Der Präsident des Oberlandesgerichts
Celle. 275 Jahre Oberappellations=
gericht – Oberlandesgericht. Celle 1986
Klaus Rathert, Der Landkreis Celle.
Oldenburg (Oldb.) 1985.
Heinrich Siebern, Die Kunstdenk=
mäler der Provinz Hannover, Heft 21
"Stadt Celle." Hannover 1937.
Ulrich von Witten, Celle, Porträt
einer Stadt und eines Kreises.
Otto Meissner Verlag, Schloß Bleckede
a. d. Elbe. 1974
Werner Alex, Die Ausspann-Wirt=
schaften in der Altstadt Celle.
Celle 1989.
Seite 17, Reproduktionen nach den
Originalen aus der Sammlung der
Fürstenporträts im Bomann-Museum
Seite 5, Zeichnung nach einer Postkarte
aus dem Bomann-Museum

OBENDORF – U. WEHE PASSAGE
CELLE                    C.F. 3.5.91

ein Bürgerhaus zum
in der Straße Heiligen Kreuz
70